# КИЇВ

ФОТОАЛЬБОМ

# KYIV

PHOTOALBUM

КИЇВ    KYIV
ВИДАВНИЦТВО    MYSTETSTVO
"МИСТЕЦТВО"    PUBLISHERS
2000

ББК 26.89(4УКР – 2К)я6

Кожна столиця має своє неповторне обличчя, яке формують час, історія. Таким неповторним є Київ, столиця України, старовинне європейське місто з півторатисячолітньою історією. Древній, сивочолий і водночас юний і сучасний, Київ славиться численними історичними та архітектурними пам'ятками. А ще зачаровує Київ пишним зеленим вбранням. Неповторний образ міста постає зі сторінок фотоальбому "Київ".

Керівник творчої групи *Ніна Прибєга*

Вступна стаття *Дмитра Малакова*
Макет, художнє оформлення
*Петра Буркута*

К $\frac{4901101000 — 005}{207 — 2000}$ без оголошення

ISBN 966–577–006–3

# КИЇВ

Кожна столиця має своє, неповторне, властиве тільки їй обличчя, яке формують час, історія, ментальність нації. Таким неповторним є Київ, столиця України, старовинне європейське місто з багатовіковою історією.

Київ розташований на берегах Дніпра — головної української ріки, в географічному центрі історичного розселення українців. Поселення людини на терені сучасного Києва відомі ще з доби пізнього неоліту, тобто близько 20 тисяч років тому. Місця стоянок тих далеких предків археологи виявили майже в усіх мальовничих місцевостях Києва. Найвідомішою є Кирилівська стоянка на Подолі. Давні люди жили також і в усіх урочищах, які тепер стали частинами Києва, — на Солом'янці і в Протасовому яру, на Оболоні й Пріорці, Вигурівщині й Лисій горі, в Пирогові, Совках, Корчуватому. Вже від самих цих назв віє подихом сивої давнини.

Існує переказ, що апостол Андрій Первозванний, проповідуючи Святе Письмо, дійшов до Києва, де на одній з круч над Дніпром устромив хрест і мовив: "Бачите ви гори сі? Так от, на сих горах возсіяє благодать Божа, і буде город великий, і церков багато воздвигне Бог".

Давні кияни підтримували стосунки зі скіфами й античними державами Північного Причорномор'я, зі східними провінціями Римської імперії. Існує кілька версій щодо часу виникнення власне Києва, вже як міста з такою назвою. За однією з них, це — початок VI століття, або близько 1500 років тому. За свідченням давньоруського літописця Нестора, автора "Повісті минулих літ", Київ заснували брати Кий, Щек, Хорив та сестра їхня Либідь. На честь старшого брата місто одержало назву Київ, а осідком князя Кия була Замкова гора над Подолом. Перша датована згадка про місто належить до 862 року, коли у Києві князювали Аскольд і Дір. Новгородський князь Олег підступно вбив їх, заволодів Києвом і мовив пророчі слова: "Це буде матір міст руських". У IX столітті Київ об'єднав навколо себе полян, древлян, сіверян, уличів, тиверців і відтак став політичним центром східнослов'янських племен, а згодом і держави Київська Русь. Подальшій розбудові міста сприяло його зручне геополітичне розташування на перехрещенні важливих торговельних шляхів між Сходом і Заходом та водного шляху "з варяг у греки". Свідчення ролі тогочасного Києва відомі з творів арабських географів та письменників, з візантійських джерел. Зростання величі й міжнародного авторитету Києва тривало упродовж князювання Олега, Ігоря, Ольги, Святослава в IX—X століттях.

Та найвищого розквіту Київська Русь досягла за часів князя Володимира Святославича, який правив у 980—1015 рр. Здійснилося пророцтво Андрія Первозванного: 988 року Володимир запровадив християнство як державну релігію. Тоді ж у Києві споруджено церкву Богородиці Десятинну — перший мурований храм, на утримання якого князь виділяв десяту частину своїх прибутків. Володимир карбував золоту й срібну монети із зображенням родового знака — Тризуба. Ім'я князя Володимира увічнено в назвах київських вулиць, собору, на його честь споруджено величний пам'ятник над Дніпром.

Київ завжди пишався своїм мальовничим місцезнаходженням. Розташування високих круч над Дніпром імпонувало князям, які зводили над схилами ріки храми і палаци, що зримо свідчили про могутність влади і держави. Отож і Володимир Святославич влаштував свою літню резиденцію над Дніпром, у княжому селі Берестове (тут він 1015 року і помер); потім там проживали князі Ярослав Мудрий, Святослав Ярославич, Всеволод Ярославич, Володимир Мономах. Місце й справді напрочуд гарне. До наших днів дійшла, хоч і з великими змінами, мурована церква Спаса на Берестові, вперше згадувана в літописі під 1072 роком. Тут поховано князя київського Юрія Долгорукого — засновника Москви.

Син і послідовник Володимира Ярослав Мудрий значно розширив межі "стольного града". Усю територію "міста Ярослава" оперізував височенний оборонний вал з дерев'яних городень–зрубів і землі, з мурованими із цегли–плінфи й каменю брамами. Рештки однієї з тих брам — всесвітньо відомі Золоті ворота — можна оглянути на старовинній вулиці Ярославів Вал. У 1982 році над пам'яткою споруджено захисний павільйон, який відтворює уявні первісні форми Золотих воріт та оборонного валу. Розташування інших воріт — Лядських (в районі нинішнього майдану Незалежності, попід великим фонтаном) та Жидівських (у районі нинішньої Львівської площі) дають уявлення про розміри "міста Ярослава". За князювання Ярослава Мудрого широко велося будівництво храмів і монастирів, зокрема було споруджено Георгіївський та Ірининський монастирі, що не збереглися, а також видатний твір мистецтва, оберіг Києва та киян — величний, оздоблений мозаїками і фресками Софійський собор. При Ярославі Мудрому Київська Русь стає впливовою європейською державою. Породичатися з київським двором вважалося за честь ще від часів Володимира Святославича; сам Ярослав Володимирович (у хрещенні Георгій) був одружений з Інгігердою (Іриною) — донькою шведського короля Олафа, сестру видав заміж за польського короля, доньок — за королів Франції, Норвегії. При Ярославі Мудрому розквітли науки, мистецтва, торгівля, ремесла. Про це, зокрема, й свідчать численні експонати київських музеїв.

У 1051 році ченці Антоній і Феодосій заснували поблизу Берестового печерний монастир — майбутню Києво-Печерську лавру.

У другій половині ХІ століття князь Всеволод Ярославич побудував свою літню резиденцію Красний двір, а згодом і монастир у мальовничому наддніпрянському урочищі Видубичі, на південній околиці міста. Назва урочища відома з часів Володимира Святославича. За літописом, охрестивши киян, князь звелів скинути в Дніпро дерев'яного Перуна — головного поганського бога, бога блискавки і грому. Багато людей бігло вздовж берега, гукаючи: "Видибай, наш боже, видибай!" Там, де Перун прибився до берега, ще довго можна було бачити киян, що вклонялися давньому, звичному божеству.

У 1108 році київський князь Святополк Ізяславич (у хрещенні Михаїл) заснував на місці батькового Дмитрівського монастиря новий — Михайлівський. Однойменний собор, як і Софію Київську, прикрашали фрески й мозаїки, а від позолоченої бані пішла і назва цієї видатної пам'ятки початку XII століття — Золотоверхий.

За правління Володимира Мономаха зміцніла централізована влада великого київського князя, тимчасово затримався згубний процес роздроблення давньоруської держави, однак після його смерті (1125) цей процес прискорився, і Київська Русь розпалася на удільні князівства, найвпливовішими серед яких були Чернігівське і Переяславське. Обидва князі прагнули заволодіти великокнязівським столом.

У середині XII століття чернігівські князі Ольговичі, що намагалися захопити Київ, спорудили на високій урвистій горі в урочищі Дорогожичі родовий Кирилівський монастир. Кирилівська церква, що протягом наступних століть багаторазово перебудовувалася, збереглася до нашого часу.

Київський князь Мстислав Володимирович, син Мономаха, розпочав будівництво церкви Успіння Богородиці (Пирогощі) (1132—1136), згадуваної у "Слові о полку Ігоревім", — з часом головний храм на Подолі. Тут, у прибережній низинній, долішній частині міста, біля підніжжя гір, жили ремісники, торгові люди, і згадка про ті часи дійшла до наших днів у назвах урочищ Гончарі, Дегтярі, Кожум'яки. Проте спустошлива навала орд хана Батия у грудні 1240 року призвела до занепаду давньоруської держави і власне Києва. Напасники зруйнували багато споруд, мурованих храмів, зокрема Десятинну церкву. Нові величні будови з'являться ще нескоро.

У другій половині XIII — першій половині XIV століття міцнішала, формуючись, українська нація, і Київ став не тільки географічним та етнічним центром, а й визначним центром творення української культури. Друга половина XIV— перша половина XVII століття посідають особливе місце в історичній долі українського народу. Після скасування у 1394 році Київського удільного князівства місто стало центром Київського воєводства (1471) у складі Литви, мало магдебурзьке право, тобто самоврядування. Посилення соціальних та національно-релігійних утисків з боку Речі Посполитої після прийняття унії спричинилося до масового духовного, а надалі й збройного спротиву українців. У визвольній війні українського народу 1648—1654 років кияни беруть активну участь, Київ стає полковим містом, важливим ідейно-політичним центром України.

Упродовж XVII—XVIII століть загального піднесення набула національна культура, виплекана значною мірою в таких осередках, як Братська школа на Подолі, школи при київських церквах і монастирях.

Зусиллями Київського братства, створеного 1615 року, до якого з усім запорізьким козацтвом вступив і гетьман Петро Конашевич Сагайдачний, засновано Братський Богоявленський монастир і школу при ньому. У 1632 році Братську школу було об'єднано з Лаврською і реорганізовано у Києво—Могилянську колегію, яка з 1701 року стала Київською академією і проіснувала до 1817 року. У цьому вищому навчальному закладі, першому не лише в Україні, а й в усій Східній Європі, здобули освіту багато видатних діячів держави, науки і культури нашої Батьківщини.

Велику просвітницьку діяльність проводила тоді Києво—Печерська лавра, де працювало чимало відомих діячів освіти і культури. Заснована 1615 року Єлисеєм Плетенецьким лаврська друкарня видавала гарно оздоблені гравюрами книжки; серед авторів були тогочасні вчені й письменники П. Беринда, А. Кальнофойський, Л. Зизаній, С. Коссов та інші.

Поширення освіти і культури відбилося і на архітектурі та містобудуванні, особливо під час гетьманування Івана Мазепи, який виділяв значні кошти на розвиток української культури, на розбудову Києва. Нові можновладці — гетьмани, полковники, старшина Війська Запорізького — так само, як колись київські князі, прагнули вдовольнити свої амбіції засобами монументальної архітектури: будували церкви, дзвіниці, трапезні. В мистецтві панував своєрідно й соковито трактований на українському грунті життєрадісний стиль бароко. Отож у нові, барокові шати вдягалися давньоруські собори — Софійський, Михайлівський Золотоверхий, Києво-Печерський Успенський, Михайлівський Видубицький, Кирилівський. Замість дерев'яних зводилися муровані дзвіниці, трапезні, келії, будинки настоятелів, оборонні мури з вежами й брамами — з ліпними прикрасами, під високими дахами з заломами, під грушовидними банями, із позолоченими і візерунчастими чотирикінцевими хрестами і сонечками-рипідами. Тоді ж у Києві побудовано десятки мурованих і потинькованих, побілених за давнім українським народним звичаєм церков, обриси яких у цеглі повторювали прийоми народної дерев'яної архітектури: традиційний три- та п'ятидільний храм. Як яскраві приклади назвемо однобанну Іллінську церкву на Подолі (1692), трибанну — Феодосія Печерського (1698—1700) та п'ятибанну церкву Всіх Святих над Економічною брамою лаври (1696—1698). Згодом набувають поширення і своєрідного місцевого втілення архітектурні форми, запозичені з досвіду Західної Європи, зокрема центричний однобанний тетраконховий храм (церква Миколи Набережного на Подолі, 1772—1775, арх. І. Григорович-Барський). Крім місцевих архітекторів-українців, запрошуються і західноєвропейські зодчі. Велику дзвіницю Києво-Печерської лаври, до речі, найвищу в усій Східній Європі, зводить німець Й.-Г. Шедель у 1731—1745 роках. У середині XVIII століття він же будує Кловський палац та Браму Заборовського. Італієць Ф.-Б. Растреллі проектує для Києва Царський (Маріїнський) палац та Андріївську церкву.

І приклади Києва наслідують інші міста України.

За новими принципами, з урахуванням як народного, так і західноєвропейського досвіду, крім культового, велося цивільне та військове будівництво. Знехтувавши Переяславськими угодами, Москва посилювала свою військову присутність на Лівобережній Україні та в Києві. Про це й досі нагадують назви вулиць: Стрілецька, Рейтарська, Рильський провулок, де "квартирували" частини московської залоги в Києві другої половини XVII століття. Царський уряд, дбаючи про зміцнення позицій, зводив у Києві фортеці, арсенали, казарми, тюрми.

Ще 1679 року козаки гетьмана І. Самойловича почали будувати нову земляну фортецю довкола цитаделі-лаври, маючи намір укріпити Київ у зв'язку з постійною загрозою нападу турків. Потім коштом гетьмана І. Мазепи довкола Верхньої лаври було зведено нові цегляні мури з п'ятьма вежами (1698—1701), більшість з яких збереглася. Цар Петро I звелів розбудувати Київську фортецю на Печерську (1706—1716), територію якої було обведено земляними валами з вісьмома бастіонами й трьома равелінами. Пізніше замість дерев'яних вимурували нові брами. Добре збереглися Московська верхня (1765) та Московська нижня (1777—1779) брами, біля яких були мости, перекинуті через сухі рови. Згодом, крім порохових погребів, навпроти лаври зведено величезний цегляний арсенал (1784—1798) та інші важливі фортифікаційні споруди. На терені цитаделі містилися адміністративні установи, зокрема двоповерховий будинок генерал–губернаторів (1750–ті рр., арх. С. Карін).

У 1811 році внаслідок величезної пожежі згорів увесь Поділ. Тільки поодинокі муровані храми та кілька кам'яниць залишилися спогадами про цей давній район, заново розпланований за проектом архітектора В. Гесте 1812 року на основі плану архітектора А. Меленського. У першій половині XIX століття докорінні зміни відбуваються і в забудові всього міста. За новим генеральним планом, складеним 1837 року під керівництвом архітектора В. Беретті, Київ, доти поділений на три історичні частини (Верхнє місто, Печерськ і Поділ), об'єднується в одне ціле. Прокладаються нові прямі магістралі, які досить вдало враховують складну київську топографію, — Володимирська вулиця, Бульварна (з 1869 року — Бібіковський бульвар, нині бульвар Тараса Шевченка), забудовуються аристократичні Липки, долина річки Либеді; споруджуються величезні будівлі в стилі пізнього класицизму: університет св. Володимира (1837—1842 рр., арх. В. Беретті), Інститут шляхетних дівчат (1838—1842 рр., арх. В. Беретті), Перша гімназія (1850—1852 рр., арх. О. Беретті), кадетський корпус (1857 р., арх. І. Штром), присутствені місця (1854—1857 рр., арх. К. Скаржинський, М. Іконніков, І. Штром). На узвишші Печерського плато над долинами Дніпра й Либеді розмістилися величезні споруди нової Київської фортеці (1831—1861 рр., інж. К. Опперман), побудовані з урахуванням тодішніх досягнень військової та фортифікаційної справи. Через Дніпро було перекинуто перший капітальний Миколаївський (Ланцюговий) міст (1848—1853 рр., інж. Ч. Віньйоль). Усі ці монументальні споруди довгий час домінували над одноповерховою забудовою Києва. Вони зримо свідчили про велич і силу Російської імперії, її потужну присутність в історичній столиці України, де навіть рідну мову українського народу було заборонено. Фортифікаційні споруди символізували військову силу, навчальні заклади символізували "розумові фортеці", призначені для "вкорінення російського елемента в Південно–західному краї" (саме так офіційно іменувалася ця частина України).

У другій половині XIX століття Київ — адміністративний центр трьох губерній: Київської, Волинської та Подільської — швидко набуває значення важливого торговельного центру. Київські щорічні контрактові ярмарки стають місцем оптового збуту багатющої сільськогосподарської продукції краю, передусім цукру, основного багатства України, а виникнення цілої низки великих механізованих промислових підприємств (серед них були металообробні, машинобудівні заводи), розвиток промислового цукроваріння, поширення пароплавства по Дніпру та прокладання через Київ залізниці сприяють дальшому поступу капіталістичних відносин. Наслідком економічного піднесення стали київські "будівельні лихоманки", які охопили місто з середини 1890–х років. Усього лише за двадцять неповних років (до початку першої світової війни) Київ невпізнанно змінює своє обличчя, стає, як уже тоді любили наголошувати, "європейським містом". Справді, архітектурний і містобудівельний образ Києва, принаймні його центральних районів, на кілька десятиліть залишається саме таким. У цей час споруджено сотні багатоповерхових житлових, так званих прибуткових будинків, десятки громадських будівель: театри, бібліотеки, банки, музеї, критий ринок, храми всіх віросповідань, лікарні, поліклініки, казарми, готелі, лазні, вищі й середні навчальні заклади, іподром, велотрек, елеватори тощо. Всі центральні вулиці було забруковано, освітлено спершу газом, потім електрикою, обладнано водогоном і каналізацією, в місті діяли телеграф, телефон; у 1892 році пішов перший в Російській імперії та другий в Європі електричний трамвай, пізніше — фунікулер. Усі модні архітектурні стилі — еклектика, історизм, неоренесанс, а потім — сміливий модерн мали в Києві характерну, суто київську особливість: переважно всі фасади виконувалися у відкритій цеглі, а архітектурні прикраси, яких вимагав і стиль, і смак замовника, виконувалися з міцної жовтої київської цегли. На початку XX століття почали використовувати більш прогресивний будівельний матеріал — залізобетон, широко вживаний особливо в стилі модерн. Причому використовувався цемент переважно київського виробництва. Талановиті київські зодчі цього періоду — П. Альошин, М. Бобрусов, Е. Брадтман, О. Вербицький, П. Голландський, В. Городецький, М. Клуг, О. Кобелєв, А. Краусс, В. Кричевський, В. Ніколаєв, В. Риков, Г. Шлейфер, а також скульптори Ф. Балавенський, Е. Сала, Ф. Соколов — своїми творами прикрасили місто, надали йому своєрідного, суто київського і водночас справді європейського вигляду. Кращі споруди тих часів ось уже сто років залишаються окрасою столиці України. Характерними рисами забудови Києва на зламі XIX—XX століть були доброзичлива лагідність, світлий колорит, схильність до непоказної, але шляхетної величі, відданість традиціям предків і любов до природної окраси Києва — його чарівної зелені. Усі кияни сповнені шанобливої уваги до зелені (може, то ще якісь древлянські гени), саме тому, мабуть, кущі й дерева у Києві ростуть незвичайно пишно, ніби віддячуючи за добре до них ставлення. Київські дерева гарні будь-якої пори року — і в буянні весни, і в золоті осені, і в спокійній величі зимового стояння на тлі ясного київського неба. Та особливо гарний Київ у травні, коли весело всміхаються мільйони каштанових свічок, коли вгинаються обважнілі гілки бузку, а потім лине п'янкий аромат акацій. Дерева для киян — священні. Вони викликають почуття піднесеності, навіть благоговіння. Кияни поклоняються деревам майже так само, як деякі народи поклоняються своїм священним тваринам або рослинам.

У XX столітті, пройшовши через тяжкі випробування, Київ повернув собі омріяні віками славу й велич столиці України. Перші намагання припали на роки української революції — 1917—1920-ті, коли влада в місті змінювалася кільканадцять разів. Тоді у Києві було врочисто проголошено злуку всіх українських земель в одну державу, далі — самостійність держави. Але молода українська держава не змогла збройно захистити свою незалежність. З остаточним встановленням радянської влади нова імперія, аби принизити непокірних українців, перенесла столицю новоутвореної республіки з Києва до Харкова. У знекровленому війнами Києві в 1921—1922 роках налічувалося 366 тисяч мешканців проти 626 тисяч у 1914 році. Повільно тривала розбудова пореволюційного міста в статусі губернського, а не столичного центру. Втім, якраз наприкінці 20-х — на початку 30-х років було споруджено з великим розмахом і цілковито виправданим розрахунком на майбутню перспективу новий залізничний вокзал, кінофабрику (нині — Київська кіностудія художніх фільмів ім. О. Довженка), сільськогосподарську академію в Голосієвому, ряд промислових підприємств, електростанцію, низку громадських та житлових будинків нової, конструктивістської архітектури. На цьому добре розумілися фахівці з "дореволюційним" досвідом — архітектори П. Альошин, О. Вербицький, О. Кобелєв, В. Кричевський, В. Риков.

Нарешті, 1934 року Київ остаточно став столицею України. Почався новий етап розбудови міста. Водночас із розмахом житлового і особливо шкільного будівництва не меншого розмаху набуло нищення пам'яток української архітектури, передусім культової. Так, заради спорудження урядового центру було зруйновано Михайлівський Золотоверхий монастир та Трьохсвятительську церкву, Братський Богоявленський собор та собор Успіння Богородиці (Пирогощу) на Подолі, Микільський військовий собор та Микільський монастир на Печерську, фонтан "Самсон" та десятки церков. Замахувалися і на Софію Київську. У другій половині 30-х років з'явилися перші споруди, що мали символізувати новий столичний статус Києва, — досить скромна будівля Верховної Ради, монументальний штаб Київського особливого військового округу на Банківській, 11, величезний будинок НКВС (згодом переданий для будинку уряду) на теперішній вулиці Михайла Грушевського, 12, і так само надмірно великий і незграбний будинок ЦК КП(б)У на Михайлівській площі (тепер — Міністерство закордонних справ України). Дві останні споруди зводили московські та ленінградські архітектори.

Величезних страждань та збитків завдала Києву друга світова війна. Вже на світанку 22 червня 1941 року на столицю впали перші німецькі бомби. Помилки вищого радянського керівництва спричинили 73-денну героїко-трагічну оборону Києва, яка хоч і затримала наступ вермахту на Москву (фактично врятувавши її), проте призвела до оточення та взяття у німецький полон 665 тисяч бійців та командирів Червоної армії. Впроваджуючи сталінську директиву тактики "випаленої землі", радянські сапери замінували і на п'ятий день окупації Києва висадили в повітря й спалили Хрещатик з прилеглими кварталами, замінували Успенський собор та всі визначні споруди міста; дещо німцям вдалося розмінувати. Нацистська окупація Києва, що тривала 778 днів, обернулася трагедією Бабиного яру, Дарницьким та Сирецьким концтаборами, де загинуло близько 200 тисяч мирних киян та військовополонених. Окупанти вивезли на примусові роботи до Німеччини понад 100 тисяч молодих киян. Десятки тисяч не повернулися з фронтів війни. Наприкінці 1943 року у визволеному з-під окупації Києві налічувалося лише 180 тисяч мешканців проти 930 тисяч у 1939 році.

Але життя відроджувалося. Символом повоєнної відбудови Києва став оновлений Хрещатик з його унікальними керамісовими фасадами досить вигадливої архітектури, що ніде раніше не використовувалася. Місто швидко зростало, вже у 1957 році чисельність населення досягла одного мільйона, у 1976-му — двох мільйонів. Це зумовлювалося розвитком промисловості (машинобудівної, електронної, авіаційної, хімічної, легкої, харчової) та інтенсивним зростанням наукового потенціалу Києва. З кінця 1950-х років на вільних теренах, особливо на лівому березі Дніпра, на намивних землях у заплаві ріки, почалося масове житлове будівництво індустріальними методами, але вкрай спрощеної архітектури. У 1960 році пішли перші поїзди метрополітену, в 1965-му став до ладу аеропорт Бориспіль. Зводилися нові мости через Дніпро.

Грандіозною техногенною катастрофою стала аварія на

Чорнобильській атомній електростанції 26 квітня 1986 року. Ця страшна трагедія негативно вплинула не тільки на розвиток всієї України та Києва, але й, що залишається зовні непомітним, на здоров'я людей, на їхню ментальність.

Величезну роль відіграли Київ і кияни у новітній історії — історії здобуття Україною незалежності. Ще свіжі в пам'яті події недавнього минулого: виникнення Народного Руху України, масові мітинги на Софійському майдані, голодування–протест київських студентів на теперішньому майдані Незалежності у жовтні 1990 року, підняття освяченого Національного синьо–жовтого прапора перед будинком Київради на Хрещатику і, нарешті, 24 серпня 1991 року — проголошення незалежності України.

Незважаючи на економічну скруту, молода українська держава розпочала широку програму з відродження національних святинь, знищених за доби тоталітарного режиму. Так, у Києві відновлено пам'ятки архітектури — собор Успіння Богородиці (Пирогощу) на Подолі, дзвіницю і собор Михайлівського Золотоверхого монастиря, Успенський собор Києво–Печерської лаври, пам'ятник княгині Ользі, Андрію Первозванному, Кирилу і Мефодію на Михайлівській площі. Відновлено давній герб Києва із зображенням покровителя Києва архістратига Михаїла. Встановлено пам'ятник видатному українському історику, голові Центральної Ради Михайлу Грушевському. Відроджується національна культура, і Київ, як і належить столиці, подає приклад усій Україні.

П'ятнадцять століть прошуміло над златоглавим Києвом. А він молодий і прекрасний, сповнений енергії, спрямований у своє прийдешнє.

Дмитро МАЛАКОВ

Kyiv is the capital of Ukraine and an ancient European city, the city of unique character that has been formed by time, history, and mentality of the nation.

Kyiv stands on the Dnipro, the main Ukrainian river, in the geographic centre of historical settling of Ukrainians. Inhabitation of the territory of contemporary Kyiv goes back to the late Neolithic period, i.e. 20,000 years ago. Sites of those distant ancestors were discovered by archaeologists almost in all picturesque localities of Kyiv. The most famous of them is the Kyrylivska site in the Podil district. Ancient people also lived in numerous precincts that have now become part of Kyiv: Solomyanka, Protasiv Yar, Obolon, Priorka, Vyhurivschyna, Pyrohove, Sovky, Korchuvate.

There is a legend that the Holy Apostle Andrew the First–Called, preaching the Gospel, reached Kyiv. Here, on a steep Dnipro hill, he raised a cross and said: "Behold these hills. The grace of God will shine upon them and there will be a great city here wherein God will put up a great many churches."

In olden times Kyivites maintained relations with the Scythians, with ancient states of the northern Black Sea maritime region, with eastern provinces of the Roman Empire. There exist several theories as to the time of Kyiv's appearance as the city with this name. As one of them has, it was back in the early 6th century, circa 1,500 years ago. According to the Old Rus chronicler Nestor, who wrote *The Tale of Bygone Years*, Kyiv was founded by brothers Kyi, Schek and Khoryv, and their sister Lybid. The city was named after the eldest brother and the seat of Prince Kyi was on Zamkova Hill overlooking Podil.

The first dated mention of the city refers to 862 when Kyiv was ruled by Princes Askold and Dir. Novgorodian Prince Oleh treacherously killed them, seized Kyiv, and uttered prophetic words: "This shall be the mother of all cities of Rus." In the 9th century Kyiv united round itself tribes of Poliany, Drevliany, Siveriany, Ulychi, and Tyvertsi, thus becoming the centre of East Slavonic tribes and later on that of the Kyivan Rus state. The subsequent development of the city was stimulated by its convenient geopolitical location at the crossroads of important trade routes between the East and the West and the waterway 'from the Varangians to the Greeks.' Evidence of Kyiv's role at that time can be found in works by Arab geographers and writers, and also in Byzantine sources. Kyiv's grandeur and international prestige grew during the reign of Princes Oleh, Ihor, Olha, and Sviatoslav in the 9th—10th centuries.

Kyivan Rus reached its heyday during the reign of Prince Volodymyr Sviatoslavych (980—1015). The prophecy of the Apostle Andrew came true: in 988 Prince Volodymyr introduced Christianity as the state religion. Then in Kyiv the Church of Our Lady (of the Tithes) was built, the first stone church for the maintenance of which the Prince donated the tenth part of his revenues. Volodymyr minted gold and silver coins with the representation of a trident, his ancestral emblem. The Prince's name is perpetuated in the names of Kyiv streets, the cathedral, and a grand monument to immortalise him was erected on a slope overlooking the Dnipro.

Kyiv is famous for its picturesque surroundings. High hills over the Dnipro impressed Princes and they built there beautiful churches and palaces that evidenced to the might of their power and the state. Prince Volodymyr Sviatoslavych also set up his summer residence over the Dnipro, at the village of Berestove (here he died in 1015); later there lived Princes Yaroslav the Wise, Sviatoslav Yaroslavych, Vsevolod Yaroslavych, and Volodymyr Monomachus. The locality is exceptionally beautiful. To our days there has remained the brick Church of Our Saviour, though with great alterations. The church was first mentioned in the chronicle under the year of 1072. Here Prince Yuri Dolgoruky, the founder of Moscow, is buried.

Prince Yaroslav the Wise, son and follower of Prince Volodymyr, extended considerably the boundaries of 'the capital city.' The entire territory of 'the city of Yaroslav' was encircled with a high defensive rampart made of wooden frames and filled with earth, that had brick–and–stone gates. The remnants of one of them, the famous Golden Gates, can be seen in olden Yaroslaviv Val (Yaroslav's rampart) Street. In 1982 a protection pavilion was erected over the monument, which reproduces original forms of the Golden Gates and the defensive rampart. The location of other gates — Liadski (in the vicinity of the present–day Nezalezhnosti Square, under the huge fountain) and Zhydivski (in the vicinity of Lvivska Square) — gives an idea of the dimensions of 'the city of Yaroslav.' During the reign of Prince Yaroslav the Wise many churches and monasteries were constructed, including St. George's and St. Irene's Monasteries that have not survived, and also the majestic St. Sophia Cathedral, an outstanding work of art decorated with mosaics and frescos, a charm of Kyiv and Kyivites. Under Yaroslav the Wise Kyivan Rus became a European state of great authority. To become related with the Kyivan court was considered an honour from the times of Prince Volodymyr Sviatoslavych. Prince Yaroslav himself (christened as George) was married to Ingigerd (Irene), a daughter of the Swedish King Olaf, he gave his sister in marriage to the Polish king, and daughters to the kings of France and Norway. Under Yaroslav, science, art, and trade flourished which is illustrated by numerous exhibits in Kyiv museums.

In 1051 monks Anthony and Theodosius founded a cave monastery near Berestove, the future Kyiv–Pechersk Lavra.

In the latter half of the 11th century Prince Vsevolod Yaroslavych built his summer residence and later a monastery in the picturesque locality of Vydubychi over the Dnipro, in the southern environs of the city. The name of the locality has been known since the time of Prince Volodymyr Sviatoslavych. According to the chronicle, the Prince, having baptised Kyivites, ordered to throw down into the river the idol of Perun, the main pagan god, the deity of thunder and lightning. A lot of people ran along the bank imploring their god to rise to the surface (*vydybai* in Ukrainian). For a long time at the place where Perun drifted ashore Kyivites could be seen who worshipped their old familiar deity.

In 1108 Kyivan Prince Sviatopolk Iziaslavych (christened as Michael) founded St. Michael's Monastery on the site of patrimonial St. Demetrius's Monastery. Its Cathedral of St. Michael, like the St. Sophia of Kyiv, was decorated with frescos and mosaics, and its golden domes gave the name to this outstanding monastery of the early 12th century — St. Michael's Cathedral of the Golden Domes.

During the reign of Prince Volodymyr Monomachus the centralised power of the Grand Prince of Kyivan Rus strengthened, and for some time the destructive process of the Old Rus state disintegration was delayed, but after his death (1125) this process intensified and Kyivan Rus broke up into appanage principalities, the most influential of them being the Chernihiv and the Pereyaslav principalities. Both princes strove to take possession of the Grand Prince throne.

In the mid–12th century the Olhovychi Princes of Chernihiv, who wanted to seize Kyiv, built the patrimonial monastery of St. Cyril on a high hill in the Dorohozhychi locality. St. Cyril's Church, repeatedly reconstructed during the subsequent centuries, has come down to our times.

Kyivan Prince Mstyslav Volodymyrovych, son of Volodymyr Monomachus, began the construction of the Church of the Dormition of Our Lady Pyrogoscha (1132—1136) mentioned in *The Lay of Ihor's Host*, which with time became the main church in Podil. There, in the lower riverside part of the city, at the foot of the hills, craftsmen and merchants lived and the memory of those times has been preserved in the names of its areas Honchari (potters), Dehtiari (distillers), Kozhumiaky (tanners).

The devastating invasion of Batu Khan horde in December 1240 led to the decline of Kyivan Rus and its capital, Kyiv. The invaders ruined many buildings and churches, including the Church of the Tithes. Much time will pass for new majestic buildings to appear.

In the second half of the 13th — first half of the 14th century the Ukrainian nation took shape and strengthened, and Kyiv, being the geographical and ethnic centre, grew into an outstanding centre of Ukrainian cultural development. The second half of the 14th — first half of the 17th century played a special part in the historical fate of the Ukrainian people. The Kyiv appanage principality being abolished in 1394, the city became the centre of the Kyiv voivodeship (province, 1471) of Lithuania and enjoyed the Magdeburg right, i.e. self–government. The intensification of social, national and religious oppression by Poland after the adoption of the Uniatism (Greek Catholic faith) led to the strong spiritual and later armed resistance of the Ukrainians. Kyivites took an active part in the liberation war of the Ukrainian people (1648—1654). The city turned into an important ideological and political centre of Ukraine.

During the 17th—18th centuries national culture gained in advance being cultivated in such centres as the Brotherhood Monastery school in Podil and schools of other Kyiv monasteries and churches. Thanks to the efforts of the Kyiv Brotherhood, established in 1615, which Hetman Petro Konashevych Sahaidachny joined with the entire Zaporozhian Cossack Army, the Brotherhood Monastery of the Epiphany was founded with a school attached to it. In 1632 the Brotherhood school was amalgamated with the Kyiv–Pechersk Lavra school and reorganised into the Kyiv–Mohyla Collegium that in 1701 became the Kyiv Academy and functioned till 1817. Numerous outstanding statesmen, scholars, and cultural figures of the country received their education at this institute of higher learning, which was the first not only in Ukraine but also in entire Eastern Europe.

Energetic enlightenment endeavours were made by the Kyiv–Pechersk

Lavra of the Holy Dormition where quite a number of persons famous in culture and education worked. The Lavra book–printing shop, founded in 1615 by Yelysei Pletenetsky, published richly illuminated books, among the authors were well–known scholars and writers of that time P. Berynda, A. Kalnofoisky, L. Zyzany, and S. Kossov.

The educational and cultural advance told on architecture, especially during the hetmanship of Ivan Mazepa who donated large sums for the development of Ukrainian culture and the improvement of Kyiv. New power–holders — hetmans, colonels, chieftains of the Zaporozian Cossack army — like Kyivan Princes at their time strove to satisfy their ambitions by means of monumental architecture: they built churches, bell towers, refectories. In art the buoyant Baroque style became established, adapted to the Ukrainian taste. Thus Old Rus cathedrals — the St. Sophia, St. Michael's of the Golden Domes, the Dormition in the Kyiv–Pechersk Lavra, St. Michael's at Vydubychi, St. Cyril's — put on the new Baroque attire. Wooden structures were replaced by stone and brick belfries, refectories, cells, Superiors' residences, defensive walls with towers and gates, all with stucco decorations, high stepped roofs, pear–like domes, patterned and gilt four–arm crosses, and suns–rhipidiums. At that time there were built dozens of brick churches, plastered and white–washed according to the old Ukrainian folk tradition, whose outlines repeated in brick the style of wooden folk architecture: the traditional three– and five–partite church. Among the striking examples we can name the one–domed Church of St. Elias in Podil (1692), the three–domed Church of St. Theodosius of Pechersk (1698—1700) and the five–domed All Saints' Church over the Husbandry Gate in the Lavra (1696—1698). With time, architectural forms adopted from the Western Europe spread, though they acquired an original local interpretation like a central–plan one–domed tetraconch church (the Church of St. Nicholas–on–the–Embankment in Podil, 1772—1775, arch. I. Hryhorovych–Barsky). West European architects were invited to work along with local Ukrainian masters. Thus in 1731—1745 the German J. G. Schädel built the Great Bell Tower of the Kyiv–Pechersk Lavra, the highest in Eastern Europe. In the mid–18th century he also constructed the Klov Palace and the Zaborovsky Gate. The Italian F. B. Rastrelli designed the Tsar's (Mariinsky) Palace and St. Andrew's Church for Kyiv. And other Ukrainian cities followed suit.

New principles, with due regard for both folk and West European experience, were also employed in civil and military engineering. Violating the Pereyaslav Agreements, Moscow increased its military presence in the Left–Bank Ukraine and Kyiv. This is still reminded by names of some streets: Striletska, Reitarska, Rylsky, where units of the Moscow garrison were quartered in the second half of the 17th century. To fortify its positions the tsarist government built fortresses, arsenals, barracks, and prisons in Kyiv.

As far back as 1679 the Cossacks of Hetman I. Samoilovych began constructing a new earthen fortress around the Lavra to fortify Kyiv in view of the constant menace of Turkish aggression. Later, on the donations of Hetman Mazepa new brick walls with five towers were built (1698—1701) around the Upper Lavra, the majority of which have been preserved. Tsar Peter the Great ordered to expand the Kyiv Fortress in the Pechersk district (1706—1716) the territory of which was encircled with earthen ramparts that had eight bastions and three ravelins. Later the wooden gates were replaced by brick ones. The Moskovska (Moscow) Upper (1765) and Moskovska Lower (1777—1779) gates have been well preserved, near them there were bridges spanning dry moats.

Subsequently, a huge brick arsenal (1784—1798) was built opposite the Lavra, along with powder magazines, and other important fortifications, administrative institutions, in particular the two–storey residence of governors–general (1750s, arch. S. Karin).

In 1811 a conflagration consumed the entire Podil area. Only solitary brick churches and several stone buildings remained standing as memory of this olden district. In 1812 architect V. Heste planned it anew basing on the design by architect A. Melensky. The first half of the 19th century saw radical changes in the development of the entire city. According to a new general layout worked out under the guidance of architect V. Beretti in 1837, Kyiv, consisting then of three historical parts (the Upper city, Pechersk and Podil) became an integral whole. New straight thoroughfares were built out which rather successfully took advantage of Kyiv's intricate topography — Volodymyrska Street, Bulvarna Street (from 1869, Bibikovsky Boulevard, now Tarasa Shevchenka Boulevard), the aristocratic Lypky area was built up, as well as the valley of the river Lybid. A number of grand buildings in the Late Classical style were erected, including the University of St. Volodymyr (1837—1842, arch. V. Beretti), the Institute for Daughters of the Nobility (1838—1842, arch. V. Beretti), the First Gymnasium (1850—1852, arch. A. Beretti), a cadet college (1857, arch. I. Strom), the office building (1854—1857, arch. K. Skarzhynsky, M. Ikonnikov, I. Strom). On the eminence of the Pechersk plateau over the Dnipro and Lybid valleys stood immense structures of a new Kyiv fortress (1831—1861, eng. K. Opperman) built with due regard to the achievements in military engineering. The first Chain (Nicholas) Bridge (1848—1853, eng. Ch. Vignol) spanned the Dnipro. All these monumental structures dominated one–storey Kyiv for a long time. They testified to the might and grandeur of the Russian Empire, its powerful presence in the historical capital of Ukraine where even the native language of the Ukrainian people was banned. Fortifications symbolised the military might, while educational establishments were the 'mental fortresses' meant "to implant the Russian element into the South–Western territory" (then the official name of this part of Ukraine).

In the latter half of the 19th century Kyiv, the administrative centre of three gubernias: Kyiv, Volyn and Podillia, quickly gained in importance as a trade centre. Annual Kyiv Contract fairs became the venue for the wholesale trade in the region's rich agricultural produce, primarily sugar, the major wealth of Ukraine, and the appearance of a number of large mechanised industrial enterprises (among them metal–working and machine–building plants), the development of industrial sugar refining, spreading of steamship navigation on the Dnipro and the railway laid out through Kyiv promoted the further advance of capitalist relations. The economic progress in Kyiv resulted in 'building fever' that seized the city in the mid–1890s. In less than twenty years (till the beginning of World War I) Kyiv changed its appearance beyond recognition becoming, as it was emphasised at that time, 'a European city.' And really, the architectural and planning image of Kyiv, at least that of its central parts, remained European for several decades. At that time, there were built hundreds of multi–storey buildings, so–called rent–houses, dozens of public institutions: theatres, libraries, banks, museums, a covered market, churches of various denominations, hospitals, policlinics, military barracks, hotels, bath–houses, higher and secondary schools, a hippodrome, a cycle track, grain–elevators, etc. All central streets were paved and lit first with gas and later with electricity and fit out with water supply and sewerage. The telephone and telegraph functioned in the city, in 1892 the electric tram was put into operation, being the first one in the Russian Empire and the second in Europe, and later the funicular was built. All fashionable of the time styles — the eclecticism, historicism, and later Art Nouveau, had a characteristic, purely Kyivan, peculiarity: the majority of fronts were faced in non-plastered brick, while architectural decorations, according to a style and the taste of a customer, were made of strong yellow Kyiv bricks.

At the beginning of the 20th century ferro–concrete came into use. This more advanced building material was especially widely employed in the Art Nouveau style. The cement was mostly of Kyivan make.

The talented Kyiv architects of that period — P. Alioshin, M. Bobrusov, E. Bradtman, P. Hollandsky, V. Horodetsky, M. Klug, O. Kobelev, A. Krauss, V. Krychevsky, V. Nikolayev, V. Rykov, G. Schleifer, O. Verbytsky, and sculptors F. Balavensky, E. Sala, F. Sokolov — enhanced the city with their creations, imparting an original, purely Kyivan and at the same time truly European look to it. Since that time their finest buildings have been remaining the adornment of the Ukrainian capital. The gentle, light colouring, modest yet noble grandeur, devotion to traditions of ancestors and love of the natural adornment of Kyiv — its greenery — were characteristic features of the Kyiv architecture at the turn of the 20th century. All Kyivites are full of deferential attention to greenery (perhaps because of some ancient genes), and due to that maybe bushes and trees in Kyiv grow strikingly lush, as though in gratitude for kind treatment. Kyiv trees are beautiful at any season: in the luxuriance of spring, in the gold of autumn, in the calm grandeur of winter standing against the clear Kyiv sky. But especially attractive is Kyiv in May, when millions of chestnut candles are smiling merrily, when heavy branches of lilac are sagging, and later the intoxicating scent of acacias is wafting. Trees are sacred for Kyivites. They arouse the feeling of elation, even reverence. Kyivites worship trees almost like some peoples worship their sacred animals or plants.

In the 20th century Kyiv, having undergone many a severe trial, returned itself the glory and grandeur of the capital city of Ukraine, dreamt of for centuries. First endeavours were made in the years of the Ukrainian revolution of 1917—1920 when the power in the city changed over and over again. Then the joining of all Ukrainian lands into a single state was solemnly declared, and later the independence of the country. But the young Ukrainian state could not defend its independence. With the definitive establishment of Soviet power a new empire, to humiliate the unsubmissive Ukrainians, transferred the capital of a newly formed republic from Kyiv to Kharkiv. Kyiv, drained by wars, had 366,000 inhabitants in 1921—1922 as against 626,000 in 1914. The development of the post–revolutionary city in the status of a gubernian but not a metropolitan centre went slowly. However, in the late 1920s—early 1930s there were erected a number of buildings of new, constructivist architecture, with wide scope and absolutely justified consideration for the prospects, among them a new railway station, a cinefactory (now the Dovzhenko Feature Film Studio), and the agricultural academy in Holosiyeve, an electric–power station, several industrial enterprises, and many public and residential buildings. Architects with pre–revolutionary expertise P. Alioshyn, O. Kobelev, V. Krychevsky, V. Rykov, and O. Verbytsky were great experts in such construction.

In 1934 Kyiv finally became the capital of Ukraine. A new stage began in the city development. Along with the wide scope of housing and especially school construction the destruction of Ukrainian architectural monuments, first of all churches, also continually gained in scope. Thus, to build some governmental offices a few important landmarks were demolished: St. Michael's Cathedral of the Golden Domes and the Church of the Three Hierarchs, the Brotherhood Cathedral of the Epiphany and the Church of the Dormition of Our Lady (Pyrogoscha) in Podil, St. Nicholas's Military Cathedral and St. Nicholas's Monastery in Pechersk, the Samson Fountain, and dozens of churches. Even the St. Sophia of Kyiv was under the threat of demolishing. In the second half of the 1930s first structures appeared designed to symbolise a new, metropolitan status of Kyiv: a rather modest building of the Verkhovna Rada (parliament), the monumental headquarters of the Kyiv Special Military District in 11 Bankivska Street, an immense building of the NKVD (later turned to the government offices) in present–day 12 Hrushevskoho Street, and an equally bulky and ponderous building of the Communist Party Headquarters in Mykhailivska Square (now the Ministry of Foreign Affairs of Ukraine). The two latter buildings were constructed by Moscow and Leningrad architects.

The Second World War brought great sufferings and damages to Kyiv. Right at the dawn of June 22, 1941 first German bombs fell on the city. Blunders of Soviet leadership resulted in the 73–day heroic and tragic defence of Kyiv that, though holding in check the Wehrmacht offensive aimed at Moscow (thus saving it in actual fact), led to the encirclement and capture of 665,000 Red Army soldiers and officers. Following Stalin's directive of 'the burnt land' tactics Soviet sappers mined Khreschatyk and adjacent quarters and blew them up on the fifth day of Kyiv's occupation, they also mined the Dormition Cathedral and all outstanding structures in the city, some of which the Germans managed to de–mine. The Nazi occupation of Kyiv that lasted 778 days turned into the tragedies of Baby Yar, Darnytsia, and Syrets concentration camps, where almost 200,000 civilians and prisoners of war were killed. The invaders took out more than 100,000 young Kyivites to Germany for forced labour. Tens of thousands of Kyiv inhabitants did not return home from war fronts. At the end of 1943 there were only 180,000 residents in liberated Kyiv as against 930,000 in 1939. But life revived.

The renewed Khreschatyk, with its unique ceramic facades of rather whimsical architecture nowhere used before, became the symbol of the post–war Kyiv development. The city grew rapidly, in 1957 its population reached one million, and in 1976 two millions. The progress was stimulated by an advance in industry (machine–building, electronics, aircraft, chemical, light, and food branches) and an intensive increase in Kyiv's scientific potential. At the end of the 1950s vacant territories, especially on the left bank of the Dnipro, began developing on filled–up ground in the river floodlands. The vast housing construction was led by industrial methods but in an oversimplified architectural style. In 1960 the underground was put into service, in 1965 the Boryspil airport came into operation. New bridges spanned the Dnipro.

The accident at the Chornobyl Nuclear Power Station on April 26, 1986 became the greatest technogenous catastrophe of our time. This terrible tragedy affected not only the progress of the entire Ukraine and Kyiv, but also the health of people, their mentality.

Kyiv and Kyivites have played a great part in modern history, the history of Ukraine's independence. Events of the past are still fresh in our memory: the emergence of the People's Movement of Ukraine, public rallies in Sofiyska Square, the hunger–strike of Kyiv students in present Nezalezhnosti Square in October 1990, the hoisting of the consecrated national blue–yellow flag in front of the Kyiv Rada in Khreschatyk Street, and, finally, the declaration of Ukraine's independence on August 24, 1991.

Despite economic hardships the young Ukrainian state has begun an extensive program of the revival of national sanctuaries demolished in the times of the totalitarian regime. Thus, in Kyiv important monuments of architecture were re–created: the Cathedral of the Dormition of Our Lady (Pyrogoscha) in Podil, the cathedral and bell tower of St. Michael's Monastery of the Golden Domes, the Dormition Cathedral in the Kyiv–Pechersk Lavra, and the monument to the Grand Princess Olha, St. Andrew the First–Called, and Sts. Cyril and Methodius in Mykhailivska Square. The olden Kyiv emblem with the representation of the Archestrategos Michael, the Heavenly Patron of Kyiv, was reinstituted. The monument to Mykhailo Hrushevsky, an outstanding Ukrainian historian and head of the Central Rada, was erected. National culture is reviving, and Kyiv, as is proper to the metropolitan city, sets an example to entire Ukraine.

Fifteen centuries passed, and golden–domed Kyiv, young and beautiful, looks confidently into the future.

*Dmytro MALAKOV*

Тихо й лагідно плине Дніпро —
животворна артерія України,
її гордість і краса, живий свідок історії

Calmly runs the majestic Dnipro,
a life-giving artery of Ukraine,
its pride and beauty, a live witness of history

22

Пам'ятний знак на честь засновників Києва —
братів Кия, Щека, Хорива і сестри їх Либеді.
Скульптор В. Бородай, архітектор М. Фещенко. 1982 р.

Monument commemorating the founders of Kyiv:
brothers Kyi, Schek and Khoryv and their sister Lybid.
Sculptor V. Borodai, architect M. Feschenko. 1982

Стародавній Київ. X—XIII ст.
Макет Д. Мазюкевич. Фрагмент. 1968 р.
Експонується у Національному заповіднику "Софія Київська"

24

Old Kyiv. 10th—13th cc.
Model by D. Maziukevych. Detail. 1968.
Exhibited in the St. Sophia of Kyiv National Preserve

Пам'ятник князю Володимиру Святославичу, хрестителю Київської Русі.
Скульптори В. Демут-Малиновський, П. Клодт, архітектор К. Тон. 1853 р.

Monument to Prince Volodymyr Sviatoslavych, the Baptiser of Kyivan Rus.
Sculptors V. Demut-Malynovsky, P. Klodt, architect K. Ton. 1853

Пам'ятник княгині Ользі, св. рівноапостольним Кирилу
і Мефодію, св. апостолу Андрію Первозванному.
Скульптор І. Кавалерідзе. 1911 р.
Пам'ятник відновлено у 1996 р.

Monument to Princess Olha, Sts. Cyril and Methodius, Equal
to the Apostles, and the Holy Apostle Andrew the First-Called.
Sculptor I. Kavaleridze. 1911.
The monument was re-created in 1996

27

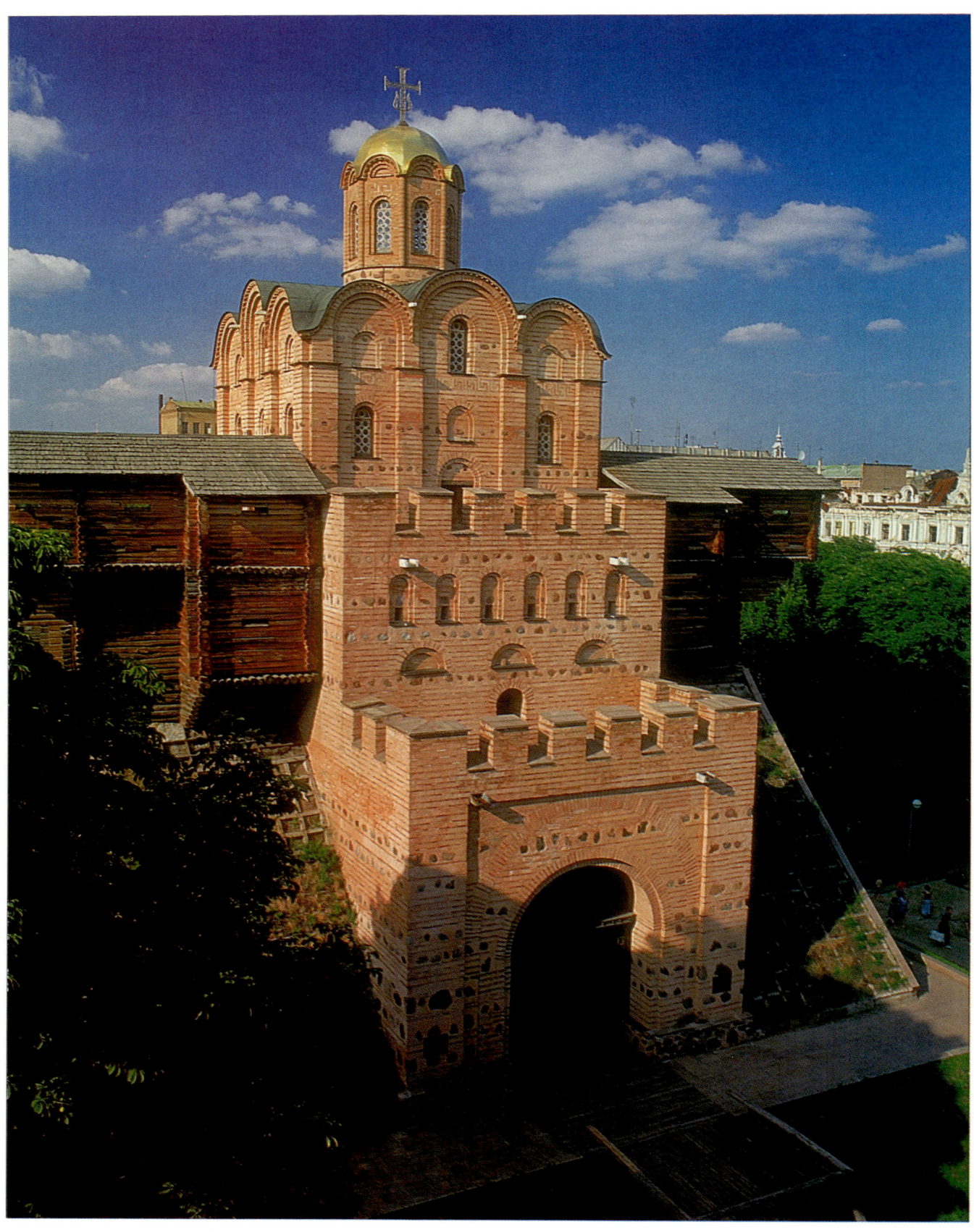

Золоті ворота — головний, урочистий в'їзд до стародавнього Києва. XI ст. Автори реконструкції — Є. Лопушинська, М. Холостенко, С. Висоцький. 1982 р.

Golden Gates, the principal ceremonial entry into old Kyiv. 11th c. Restoration architects Ye. Lopushynska, M. Kholostenko, S. Vysotsky. 1982

28

За князювання Ярослава Мудрого, великого князя київського (1019—1054 рр.), Русь досягла вершини свого розквіту й могутності. Було побудовано собор св. Софії, Золоті ворота, Георгіївський та Іринінський монастирі, засновано Печерський монастир та бібліотеку.

During the reign of Grand Prince Yaroslav the Wise (1019—1054) Rus reached the acme of its development and might. The St. Sophia Cathedral, the Golden Gates, St. George's and St. Irene's Monasteries were constructed, the Pechersky Monastery and the library founded.

Пам'ятник Ярославу Мудрому біля Золотих воріт. Скульптори М. Білик, В. Сивко, О. Редько, за ескізом І. Кавалерідзе; архітектори Ю. Посицький, Р. Кухаренко. 1997 р.

Monument to Prince Yaroslav the Wise at the Golden Gates. Sculptors M. Bilyk, V. Syvko, O. Redko, after the sketch by I. Kavaleridze; architects Yu. Losytsky, R. Kukharenko. 1997

Мов з гомінкої ради в Київ
Примчався він січневим днем
І коло древньої Софії
Злетів на п'єдестал з конем!

*Леонід Вишеславський*

It seems he flew from Pereyaslav
To Kyiv on a January day
To stand on the pedestal
In the immortal fame.

*Leonid Vysheslavsky*

Пам'ятник Богдану Хмельницькому. | Monument to Bohdan Khmelnytsky.
Скульптор М. Микешин, архітектор В. Ніколаєв. 1888 р. | Sculptor M. Mikeshin, architect V. Nikolayev. 1888

Софійська площа. | Sofiyska Square.
Дзвіниця собору св. Софії. XVIII ст. | Bell tower of the St. Sophia Cathedral. 18th c.

31

Інтер'єр собору св. Софії. | Interior of the St. Sophia Cathedral.
Трансепт | The transept

34

Велична і монументальна
Богоматір–Оранта —
оберіг української землі.

The majestic and impressive
Virgin Orans, the guardian
of Ukrainian land.

Головний вівтар собору св. Софії.    Chancel of the St. Sophia Cathedral.
Оранта. Мозаїка. XI ст.    The Virgin Orans. Mosaic. 11th c.

Панорама
центру Києва.
На передньому
плані — дзвіниця
собору св. Софії

Panoramic view
of downtown Kyiv.
In the foreground:
the bell tower
of the St. Sophia

37

Троїцька надбрамна церква
Києво-Печерської лаври. XII—XVIII ст.

The Gate Church of the Trinity
in the Kyiv-Pechersk Lavra. 12th—18th cc.

38

Центральна частина іконостаса
Троїцької надбрамної церкви. Поч. XVIII ст.

Central part of the iconostasis
in the Gate Church of the Trinity. Early 18th c.

Трапезна палата з церквою
Антонія і Феодосія, 1893—1895 рр.,
та Благовіщенська церква, 1905 р.

The Refectory with the Church
of Sts. Anthony and Theodosius, 1893—1895,
and the Annunciation Church, 1905

У 1051р. ченці Антоній і Феодосій у печерах поблизу Києва заснували славнозвісний Києво–Печерський монастир.

In 1051 monks Anthony and Theodosius founded the famous Kyiv–Pechersk Monastery in the caves near Kyiv.

Святі Антоній і Феодосій Печерські. | Saints Anthony and Theodosius of Pechersk.
Ікона. Кін. XVII — поч. XVIII ст. | Icon. Turn of the 18th c.

Велика дзвіниця Києво–Печерської лаври. | The Great Bell Tower of the Kyiv-Pechersk Lavra.
Архітектор Й. Шедель. 1731—1745 рр. | Architect J. Schädel. 1731—1745

43

Всіхсвятська церква | The Church of All Saints
Києво-Печерської лаври. XVII ст. | in the Kyiv-Pechersk Lavra. 17th c.

44

Всіхсвятська церква
над Економічною брамою. 1696—1698 рр.
Фрагмент Економічного корпусу. XVIII —XIX ст.

All Saints' Church
over the Husbandry Gate. 1696—1698.
Part of the Husbandry building. 18th—19th сс.

Церква Спаса на Берестові.
Уперше згадується у літописі в 1072 р.
Тут поховано київського князя
Юрія Долгорукого — засновника Москви

The Church of Our Saviour at Berestove.
First mentioned in the chronicle under the year of 1072.
Kyivan Prince Yuri Dolgoruky,
the founder of Moscow, is buried in the church

Інтер'єр церкви Спаса на Берестові | Interior of the Church of Our Saviour at Berestove

47

Фортечні мури
та Годинникова вежа. 1696—1701 рр.

Fortification walls
and the Clock Tower. 1696—1701

Дзвіниця на Дальніх печерах.
Архітектор І. Григорович-Барський.
Майстер С. Ковнір.  1754—1761 рр.

Belfry at the Far Caves.
Architect I. Hryhorovych-Barsky.
Master-builder S. Kovnir. 1754—1761

Церква Живоносного джерела | The Church of the Life-Giving Well

Інтер'єр церкви | Interior of the Church
Живоносного джерела | of the Life-Giving Well

51

Вид на Дальні печери,
Дніпро та Півобережжя

View of the Far Caves, the Dnipro,
and the left bank of the river

Аннозачатіївська церква
на території Києво-Печерської лаври. XVII ст.

The Church of the Conception of St. Anne
in the territory of the Kyiv-Pechersk Lavra. 17th c.

Зимове мереживо | Winter lace

Вид на Києво-Печерську лавру
з лівого берега Дніпра

View of the Kyiv-Pechersk Lavra
from the left bank of the Dnipro

57

Кирилівська церква. XII ст. | St. Cyril's Church. 12th c.

Ікону "Богоматір з немовлям" написав наприкінці XIX ст. для іконостаса Кирилівської церкви відомий художник М. Врубель.

The icon of the Virgin and Child was painted for the iconostasis of St. Cyril's Church by the famous Russian painter M. Vrubel in the late 19th c.

М. Врубель. Богоматір з немовлям. Ікона з іконостаса Кирилівської церкви | M. Vrubel. The Virgin and Child. Icon from the iconostasis in St. Cyril's Church

Видубицький монастир. XI—XVIII ст. | The Vydubytsky Monastery. 11th—18th cc.

Михайлівський Золотоверхий собор. XI ст. | St. Michael's Cathedral of the Golden Domes.
Пам'ятку відновлено в 2000 р. | 11th c. Re-created in 2000

Андріївська церква. | St. Andrew's Church.
Проект Ф.-Б. Растреллі. 1749—1762 рр. | Design by F.B. Rastrelli. 1749—1762

Інтер'єр Андріївської церкви.
Іконостас. 1752—1753 рр.

Interior of St. Andrew's Church.
Iconostasis. 1752—1753

Кафедральний собор св. Володимира.
Проект архітекторів І. Штрома і П. Спарро,
перероблений О. Беретті. 1862—1882 рр.

St. Volodymyr's Cathedral.
Design by architects I. Strom and P. Sparro,
revised by A. Beretti. 1862—1882

Інтер'єр Кафедрального собору св. Володимира.
Розписи художників В. Васнецова, М. Нестерова,
М. Врубеля, В. Замирайла, С. Костенка, М. Пимоненка,
П. Сведомського, В. Котарбінського

Interior of the Cathedral of St. Volodymyr.
Paintings by artists V. Vasnetsov, M. Nesterov,
M. Vrubel, V. Zamyrailo, S. Kostenko, M. Pymonenko,
P. Svedomsky, and V. Kotarbinsky

Церква Успіння Богородиці (Пирогоща). XII ст. Пам'ятку відновлено в 1998 р.

The Church of the Dormition of Our Lady (Pyrogoscha). 12th c. Re-created in 1998

Ансамбль Флорівського монастиря, відомий з XV ст. Збереглися Вознесенська церква (1732 р.), дзвіниця (1740 р.), будинок ігумені (1822 р.), Воскресенська церква (1824 р.), церква Казанської Божої Матері (1844 р.)

Ensemble of St. Florus's Convent, known from the 15th c. The Ascension Church (1732), the belfry (1740), the residence of Mother-Superior (1822), the Resurrection Church (1824), and the Church of Our Lady of Kazan (1844) have been preserved

Костьол св. Миколая.
Архітектор В. Городецький. 1899—1909 рр. | St. Nicholas's Roman Catholic Church.
Architect V. Horodetsky. 1899—1909

68

Костьол св. Олександра.
XIX ст.

The Roman Catholic Cathedral
of St. Alexander. 19th c.

Центральна
частина міста.
На першому
плані — костьоп
св. Олександра

70

Central part of the city.
In the foreground:
St. Alexander's
Roman Catholic
Cathedral

У Києві відчувається найтісніший зв'язок
з історичним минулим...

In Kyiv the past and the present
intertwine in harmony...

Київські надвечір'я — завжди неповторні | Inimitable Kyiv evenings

Вечірній Хрещатик | Khreschatyk at night

Національна музична академія України
ім. П. І. Чайковського. Заснована в 1913 р.

The Tchaikovsky National Music Academy
of Ukraine. Founded in 1913

Стара частина Києва —
вулиця Богдана Хмельницького

Bohdana Khmelnytskoho
Street, an old part of Kyiv

Центральний універмаг
на Хрещатику

The Central Department Store
in Khreschatyk St.

Хрещатик — головна вулиця Києва

Khreschatyk, Kyiv's main street

Перспектива Софійської вулиці | View of Sofiyska Street

Київська міська рада
та Київська міська державна
адміністрація

The Kyiv City Rada
and the Kyiv City State
Administration

Вечірні вогні.
Майдан Незалежності

Night lights.
Nezalezhnosti Square

Будинок профспілок | Trade Unions House
на майдані Незалежності | in Nezalezhnosti Square

84

Свіжими струменями б'є високо в небо, плететься живим золотом каскадів водограй на майдані Незалежності

Powerful jets of water spurting out high into the sky in lively golden cascades — this is a spectacular fountain in Nezalezhnosti Square

Панорама
центральної
частини міста.
Вдалині пливе
Дніпро

Panoramic view
of the city centre.
In the background:
the Dnipro River

Альтанка на дніпрових кручах | Pavilion on the Dnipro slope

У скверику | Garden near
біля костьолу св. Олександра | St. Alexander's Roman Catholic Cathedral

Золота осінь | Golden autumn

Готель "Київ".
Архітектори І. Іванов,
В. Єлізаров, І. Кучеренко та ін. 1973 р.

The Kyiv Hotel.
Architects I. Ivanov,
V. Yelizarov, I. Kucherenko et al. 1973

Маріїнський папац —
офіційна резиденція Президента України.
Проект архітектора Ф.-Б. Растреппі. XVIII ст.

94

Mariinsky Palace,
the official residence of the President of Ukraine.
Design by architect F.B. Rastrelli. 18th c.

Будинок Верховної Ради України. | Building of the Verkhovna Rada of Ukraine.
Архітектор В. Заболотний. 1936—1939 pp. | Architect V. Zabolotny. 1936—1939

Перспектива вулиці Грушевського.
В центрі — Будинок Уряду України

Perspective of Hrushevskoho Street.
Centre: Building of the Government of Ukraine

Влітку біля фонтана | By the fountain on a summer day

Готель "Салют" на Печерську.
Архітектори А. Милецький,
Н. Погоцька, В. Шевченко. 1982 р.

The Saliut Hotel in Pechersk.
Architects A. Myletsky,
N. Lohotska, V. Shevchenko. 1982

101

Національний банк України. Архітектори О. Кобелєв, О. Вербицький, 1902—1905 рр.; надбудова 1934 р., архітектори О. Кобелєв, В. Риков

National Bank of Ukraine. Architects O. Kobelev, O. Verbytsky, 1902—1905; superstructure of 1934, architects O. Kobelev, V. Rykov

Національний художній музей України —
скарбниця українського мистецтва.
Архітектор В. Городецький. 1899 р.

National Art Museum of Ukraine,
a treasury of Ukrainian art.
Architect V. Horodetsky. 1899

Будинок з химерами.
Архітектор В. Городецький. 1901—1903 рр.

House with Chimeras.
Architect V. Horodetsky. 1901—1903

Європейська площа. У центрі — готель "Дніпро". | Yevropeiska Square. Centre: the Dnipro Hotel.
Архітектори В. Єлізаров, Н. Чмутіна. 1964 р. | Architects V. Yelizarov, N. Chmutina. 1964

Палац мистецтв "Український дім".
Архітектори В. Гопкало, В. Гречина,
В. Коломієць, П. Філенко. 1982 р.

The Ukrainsky House, Palace of Arts.
Architects V. Hopkalo, V. Hrechyna,
V. Kolomiyets, L. Filenko. 1982

107

Національна філармонія України.
Архітектор В. Ніколаєв. 1882 р.
Відреставровано в 1996 р.

The National Philharmonic of Ukraine.
Architect V. Nikolayev. 1882.
Restored in 1996

108

Інтер'єр | Interior
Національної філармонії України | of the National Philharmonic of Ukraine

Панорама Києва.
У центрі —
Європейська
ппоща

Panoramic view
of Kyiv. Centre:
Yevropeiska
Square

111

Церква св. Миколая на Аскольдовій могилі.
Архітектор А. Меленський. 1810 р.

St. Nicholas's Church at Askold's Grave.
Architect A. Melensky. 1810

Пам'ятник на честь повернення Києву
магдебурзького права.
Архітектор А. Меленський. 1802—1808 рр.

Monument commemorating the restitution
of the Magdeburg right to Kyiv.
Architect A. Melensky. 1802—1808

113

Мов на небі висить
Святий Київ наш великий.
Святим дивом сяють
Храми божі, ніби з самим
Богом розмовляють.

*Тарас Шевченко*

There, up in the roseate sky
Holy Kyiv seemed suspended.
Golden domes appeared alight,
Bathed in awesome glory splendid,
Talking with the Lord on high.

*Taras Shevchenko*

Пам'ятник Т. Г. Шевченку.
Скульптор М. Манізер, архітектор Є. Певінсон. 1939 р.

Monument to Taras Shevchenko.
Sculptor M. Manizer, architect Ye. Levinson. 1939

Київський національний університет ім. Т. Г. Шевченка.
Головний корпус. Архітектор В. Беретті. 1837—1842 рр.

The Shevchenko National University.
Main building. Architect V. Beretti. 1837—1842

Національна опера України ім. Т. Г. Шевченка.
Архітектор В. Шретер. 1901 р.

The Shevchenko National Opera of Ukraine.
Architect V. Schreter. 1901

116

М. В. Лисенко — визначний
український композитор,
основоположник національної
музичної школи, автор
шедеврів української оперної
класики — "Різдвяна ніч",
"Наталка Полтавка", "Утоплена",
"Тарас Бульба", "Енеїда" та ін.

Mykola Lysenko, the famous
Ukrainian composer and
founder of the national music
school, the author of gems
of Ukrainian classic operas —
The Christmas Eve, Natalka
Poltavka, The Drowned,
Taras Bulba, and The Aeneid.

Пам'ятник М. В. Лисенку.
Скульптор О. Ковальов, архітектор В. Гнєздилов. 1965 р.

Monument to Mykola Lysenko.
Sculptor O. Kovaliov, architect V. Hnezdylov. 1965

Національний музей історії України на Старокиївській горі. На першому плані — залишки фундаменту Десятинної церкви. X ст.

National Museum of History of Ukraine on Starokyivska Hill. In the foreground: remnants of the foundations of the Church of the Tithes. 10th c.

Пам'ятник М. С. Грушевському. | Monument to Mykhailo Hrushevsky.
Скульптор В. Чепелик, архітектор М. Кислий. 1998 р. | Sculptor V. Chepelyk, architect M. Kysly. 1998

119

Національний технічний університет України
"Київський політехнічний інститут". Головний корпус

The National Technical University of Ukraine,
Kyiv Polytechnic Institute. Main building

120

Національний медичний університет ім. О. Богомольця. | The Bohomolets National Medical University.
Головний корпус | Main building

Академія образотворчого мистецтва і архітектури.
Архітектор Є. Єрмаков. 1898 р.

The Academy of Fine Arts and Architecture.
Architect Ye. Yermakov. 1898

Старокиївська гора.
Праворуч — Андріївська церква,
ліворуч — "Замок Річарда Левове Серце"

Starokyivska Hill.
Right: St. Andrew's Church;
left: the Castle of Richard, Coeur-de-Lion

123

На Андріївському узвозі
в День Києва

Andriivsky Descent
on the Day of Kyiv

Фунікулер. 1902 —1905 рр. | The funicular. 1902—1905.
Реконструйовано у 1984 р. | Reconstructed in 1984

Панорама Поштової площі.
Піворуч — будинок Річкового вокзалу.
У центрі — Поштовий будинок. XIX ст.
Відреставровано в 1982 р.

Panoramic view of Poshtova (Post)
Square. Left: building of the River Terminal.
Centre: Post Station. 19th c.
Restored in 1982

Г. С. Сковорода —
видатний український
просвітитель – гуманіст,
філософ, поет і музикант,
навчався і викладав
у Києво – Могилянській
академії.

Hryhory Skovoroda,
the great Ukrainian
enlightener, humanist,
philosopher, poet, and
musician, studied
and lectured at the Kyiv –
Mohyla Academy.

Пам'ятник Григорію Сковороді. | Monument to Hryhory Skovoroda.
Скульптор І. Кавалерідзе, архітектор В. Гнєздилов. 1976 р. | Sculptor I. Kavaleridze, architect V. Hnezdylov. 1976

Національний університет
"Києво-Могилянська академія".
Головний корпус

National University
of the Kyiv-Mohyla Academy.
Main building

Контрактова площа.
Півруч — грецький монастир св. Катерини.
Поч. XX ст. Пам'ятку відновлено в 1996 р.

132

Kontraktova Square.
Left: the Greek Monastery of St. Catherine.
Early 20th c. Restored in 1996

Парковий пішохідний міст | The Parkovy Pedestrian Bridge

Метроміст —
швидкісна транспортна артерія через Дніпро.
Збудований на місці Панцюгового мосту

The Metro Bridge,
the transportation artery spanning the Dnipro.
Built on the site of the Chain Bridge

135

Набережне шосе

Naberezhne Highway

Готель "Славутич" на Русанівці.
Архітектори В. Ладний, Г. Кульчицький. 1972 р.

The Slavutych Hotel in Rusanivka.
Architects V. Ladny, H. Kulchytsky. 1972

Міст ім. Є. Патона | Paton Bridge
з перспективою забудов Півобережжя | and housing estates on the left bank of the Dnipro

Неосяжні
київські
простори.
Внизу —
Набережне
шосе

Boundless
Kyiv vistas.
Below:
Naberezhne
Highway

141

Пам'ятник жертвам Бабиного яру.
Скульптори М. Лисенко, О. Вітрик, В. Сухенко,
архітектори А. Ігнащенко, М. Іванченко,
В. Іванченков. 1976 р.

Monument to the Baby Yar victims.
Sculptors M. Lysenko, O. Vitryk, V. Sukhenko,
architects A. Ihnaschenko, M. Ivanchenko,
V. Ivanchenkov. 1976

Парк Вічної Слави.
Могила Невідомого солдата.
Скульптор І. Першудчев, архітектори
А. Милецький, В. Бакланов, П. Новиков. 1957 р.

The Eternal Glory Park.
The Grave of the Unknown Soldier.
Sculptor I. Pershudchev, architects
A. Myletsky, V. Baklanov, L. Novykov. 1957

Національний спортивний комппекс "Олімпійський".
Архітектор М. Гречина. 1937—1941 рр.
Реконструйовано в 1978—1980 рр.

The Olympic National Sports Complex.
Architect M. Hrechyna. 1937—1941.
Reconstructed in 1978—1980

З давніх — давен район Бессарабки був торговим центром міста. Наприкінці XIX ст. тут містилися дрібні крамнички, пекарні, ремісничі майстерні тощо.

From olden times the Bessarabka locale was the trade centre of the city. In the late 19th c. small shops crowded here, as well as bakeries and various workshops.

Гамірні ряди Бессарабки | Humming trade at the Bessarabsky Market

Бессарабський критий ринок на Хрещатику.
Архітектор Г. Гай. 1910—1912 рр.

The Bessarabsky Indoor Market in Khreschatyk St.
Architect H. Haj. 1910—1912

149

Міжнародний аеропорт "Бориспіль".
Архітектори А. Добровольський,
О. Малиновський, Д. Попенко. 1965 р.

The Boryspil International Air Terminal.
Architects A. Dobrovolsky,
O. Malynovsky, D. Popenko. 1965

Залізничний вокзал "Київ-Пасажирський".
Архітектор О. Вербицький. 1929—1932 рр.

The Kyiv Railway Terminal.
Architect O. Verbytsky. 1929—1932

151

Український центр обслуговування пасажирів.
Архітектори В. Жежерін, А. Побода. 1985 р.

Ukrainian passenger service centre.
Architects V. Zhezherin, A. Loboda. 1985

Площа Перемоги.
Піворуч — готель "Либідь" та універмаг "Україна",
в центрі площі — обеліск на честь міста-героя Києва

Peremohy Square.
Left: the Lybid Hotel and the Ukraina Department
Store, centre: Obelisk in honour of the Hero-City of Kyiv

На території Музею народної архітектури
та побуту України. Пирогове

In the territory of the Museum of Folk Architecture
and Life of Ukraine. Pyrohove

154

Церква Покрови.
с. Канора Закарпатської обл. 1792 р.
Музей народної архітектури та побуту України

The Intercession Church.
Vil. Kanora, Transcarpathian Reg. 1792.
Museum of Folk Architecture and Life of Ukraine

Селянська хата.
с. Яснозір'я Черкаської обл. Кін. XIX ст.
Музей народної архітектури та побуту України

Peasant house.
Vil. Yasnozirya, Cherkasy Reg. Late 19th c.
Museum of Folk Architecture and Life of Ukraine

Традиції народу | Ukrainian folk traditions
зберігаються й понині | have been kept to the present

Вітряк.
с. Вільшана Харківської обл. XIX ст.
Музей народної архітектури та побуту України

Windmill.
Vil. Vilshana, Kharkiv Reg. 19th c.
Museum of Folk Architecture and Life of Ukraine

Музей народної архітектури та побуту України — місце проведення етнографічних ярмарків, фестивалів народної творчості, виступів фольклорних колективів

Museum of Folk Architecture and Life of Ukraine. Here ethnographic fairs are held, as well as folk art festivals and performances of folk groups

# КИЇВ

Фотоальбом
(Українською та англійською мовами)
Київ, "Мистецтво", 2000

Вступна стаття *Дмитра Васильовича Малакова*
Упорядкування *Ніни Дмитрівни Прибєги*
Макет, художнє оформлення і комп'ютерна верстка
*Петра Миколайовича Буркута*

Керівник творчої групи *Ніна Дмитрівна Прибєга*
Редактори *А. Л. Вакуленко, В. І. Отрішко*
Переклад і редагування англійського тексту *О. К. Подшибіткіної*
Художній редактор *П. М. Буркут*
Кольорова коректура *М. О. Кріпкого*
Технічний редактор *С. М. Гавриленкова*
Коректори *С. І. Гайдук, Н. М. Шугай*

У виданні використано фотозйомку видавництва "Мистецтво" і фотографів: *Ю. Бусленка, Г. Гаранька, М. Голяка, М. Іващенка, С. Крячка, П. Лейка, О. Мартиненка, Т. Михайлишиної–Д'Авіньйон, І. Приміського, Д. Рибіна, С. Тарасова, В. Фаліна, С. Фріча, В. Хмари, К. Шматова і В. Кримчака*

Підписано до друку 18.07.2000. Формат 70x90 ¹/₈. Папір крейдяний. Гарнітура Родео Лайт, Ванта Лайт. Друк офсетний.
Умовн. ф. – відб. 81. Обл. – вид. арк. 26,96. Зам. 0-189.
Др № 00974

Видавництво "Мистецтво", 01034, Київ–34, вул. Золотоворітська, 11
Тел. (044) 224–91–01, 224–63–30. Факс (044) 229–05–64

АТ "Книга", 04655, МСП, Київ–53, вул. Артема, 25

**Київ**: [Фотоальбом] /Вступна стаття Д. В. Малакова, упоряд. Н. Д. Прибєги. — К.: Мистецтво,
K38      2000. — 160 с.: іл. — Укр., англ.
ISBN 966–577–006–3

Кожна столиця має своє неповторне обличчя, яке формують час, історія. Таким неповторним є Київ, столиця України, старовинне європейське місто з півторатисячолітньою історією. Древній, сивочолий і водночас юний і сучасний, Київ славиться численними історичними та архітектурними пам'ятками. А ще зачаровує Київ пишним зеленим вбранням. Неповторний образ міста постає зі сторінок фотоальбому "Київ".

K $\frac{4901101000 — 005}{207 — 2000}$ без оголошення

ББК 26.89(4УКР–2К)я6